BEI GRIN MACHT SICH IHR WISSEN BEZAHLT

AF153513

- Wir veröffentlichen Ihre Hausarbeit, Bachelor- und Masterarbeit

- Ihr eigenes eBook und Buch - weltweit in allen wichtigen Shops

- Verdienen Sie an jedem Verkauf

Jetzt bei www.GRIN.com hochladen und kostenlos publizieren

GRIN ☺

Apache Airflow. Einführung, Komponenten und Einsatz in der Praxis

Bibliografische Information der Deutschen Nationalbibliothek:

Die Deutsche Nationalbibliothek verzeichnet diese Publikation in der Deutschen Nationalbibliografie; detaillierte bibliografische Daten sind im Internet über http://dnb.d-nb.de abrufbar.

ISBN: 9783346878656
Dieses Buch ist auch als E-Book erhältlich.

Druck und Bindung: Books on Demand GmbH, Norderstedt Germany
Gedruckt auf säurefreiem Papier aus verantwortungsvollen Quellen

Das vorliegende Werk wurde sorgfältig erarbeitet. Dennoch übernehmen Autoren und Verlag für die Richtigkeit von Angaben, Hinweisen, Links und Ratschlägen sowie eventuelle Druckfehler keine Haftung.

Das Buch bei GRIN: https://www.grin.com/document/1358759

Apache Airflow

Modul: Cloud und Big Data Technologien

Inhaltsverzeichnis

Abbildungsverzeichnis

1 Einführung

In vielen modernen IT-Systemen und Anwendungen gibt es festgelegte und wiederholte Tasks, die häufig auch in einer gleichbleibenden Reihenfolge oder mit verschiedenen Abhängigkeiten zwischen den Tasks durchgeführt werden. Dabei kann es ggf. zu Problemen in der Datenkonsistenz oder Bearbeitungszeit kommen, wenn diese Tasks und Rechenschritte nicht organisiert und strukturiert werden. Insofern ist die Betrachtung von Softwaretools zur Ausgestaltung und zum Management von festgelegten (Arbeits-) Prozessen, den sogenannten Workflows sinnvoll, die den Ablauf der Prozesse verbessern, Fehler bei der Datenverarbeitung minimieren und die Datenkonsistenz erhöhen.

Ein solches Workflowmanagement-Tool ist Apache Airflow. Apache Airflow wurde von Airbnb entwickelt, um die Prozesse des Unternehmens automatisieren und ein besseres Planen und Monitoren ermöglichen zu können. 2016 wurde Airflow Teil von Apache und damit als Open-Source Tool Nutzern kostenfrei zur Verfügung gestellt. Apache Airflow ermöglicht es, Workflows zu modellieren, auszuführen, pflegen und zu überwachen. [Si19]

1.1 Einordnung ins Hadoop Ökosystem

Anm. der Red.: Diese Abb. wurde aus urheberrechtlichen Gründen entfernt.

Abbildung 1: Hadoop Ökosystem [Ab20]

Abbildung 1 stellt das Hadoop Ökosystem visuell dar. Apache Airflow ist wie auch Apache Oozie von der Funktionsweise wie ein Scheduler nutzbar, der die Hadoop Jobs bearbeiten und verwalten kann. Dabei geht es bei Airflow nicht um die tatsächliche Verarbeitung der Daten, sondern vielmehr darum, die Tasks der verschiedenen anderen Datenverarbeitungstools von Hadoop in eine Reihenfolge bzw. in einem Prozess anzuordnen. Somit ist Apache Airflow dem Bereich des Coordination Stack zuzuordnen. [Ab20]

1.2 Airflow Prinzipien

Apache Airflow unterliegt den vier Prinzipien *dynamisch, erweiterbar, elegant* und *skalierbar*, die die Erstellung und den Betrieb von Workflows erleichtern.

Durch die Möglichkeit Pipelines zu konfigurieren, kann man Anforderungen, Tasks, Abhängigkeiten und somit auch die Workflows *dynamisch* anpassen an die jeweils erforderlichen Spezifikationen.

Airflow ermöglicht eine einfache *Erweiterbarkeit* durch die Möglichkeit, weitere Operatoren und Executors zu definieren sowie weitere für die jeweilige Anwendung notwendige Libraries hinzuzufügen.

Airflow Pipelines sind idealerweise schlank und so klar wie möglich aufgebaut, was dazu beiträgt, dass die Workflows leicht verständlich und *elegant* sind.

Durch die modulare Architektur und die Nutzung einer Message Queue kann eine beliebige Anzahl an Workers je nach Bedarf hinzugefügt werden, sodass die verfügbare Rechenleistung *skalierbar* ist. [Ap22]

1.3 Grundlegende Konzepte

Bei Apache Airflow besteht ein Workflow aus einem Directed Acyclic Graph (DAG). Dabei enthält ein DAG verschiedene Arbeitsschritte, die Tasks genannt werden. Dabei werden in einem DAG unterschiedliche Abhängigkeiten zwischen DAGs und Datenströme berücksichtigt. [Ap22]

1.3.1 Task

Ein Task ist die Grundeinheit von Verarbeitungsschritten. Tasks stehen in Beziehung zueinander, die die Verarbeitungsreihenfolge verdeutlichen.

Es gibt es drei verschiedene Arten von Tasks: Operatoren, Sensoren und TaskFlows. Operatoren sind vorgefertigte Konstrukte, die schnell und einfach in DAGs eingebunden werden können. Sensoren sind eine Unterart von Operatoren, die speziell auf externe Ereignisse oder Inputs warten, bevor der definierte Datenverarbeitungsschritt ausgeführt wird. TaskFlows sind Python-Funktionen, die vom Anwender definiert werden und somit keinem bestimmten Template folgen (müssen), sondern alle möglichen Verarbeitungsschritte ausführen können. [Ap22]

Nachdem Tasks definiert wurden, müssen noch ihre Beziehungen, also die Reihenfolge, in der die Tasks abgearbeitet werden, festgelegt werden. Beziehungen sind entweder *upstream* oder *downstream*, wobei ein *upstream* Task derjenige ist, der direkt vor einem anderen (downstream) Task ausgeführt wird. Dabei beschreiben die Begriffe *upstream* und *downstream* keineswegs die Hierarchie der Tasks, sondern lediglich die Reihenfolge. Ein Task wird in der Regel nur dann ausgeführt, wenn alle *upstream*-Tasks vorher fertig ausgeführt wurden, jedoch kann dieses Verhalten bei der Taskdefinition angepasst werden, um beispielsweise die Effizienz eines Workflows zu erhöhen. [Ap22]

1.3.2 Task Instance

Eine Durchführung eines Tasks wird auch Task instance genannt. Task instances besitzen einen Zustand (state), der den aktuellen Stand im TaskLebenszyklus anzeigt. Mögliche Zustände (states) einer Task instance sind in Tabelle 1 beschrieben [Ap22].

Tabelle 1: Mögliche Zustände einer Task instance [Ap22]

Zustand	Beschreibung
none	Der Task wurde noch nicht in die Ausführungswarteschlange gestellt (die Abhängigkeiten sind noch nicht erfüllt).
scheduled	Der Scheduler hat festgestellt, dass die Abhängigkeiten des Tasks erfüllt sind und er ausgeführt werden soll.
queued	Der Task wurde einem Executor zugewiesen und wartet auf einen Worker.

running	Die Aufgabe wird von einem Worker (oder einem lokalen/synchronen Executor) ausgeführt.
success	Der Task wurde ohne Fehler beendet.
shutdown	Der Task wurde von außen zum Herunterfahren veranlasst, als er noch lief.
restarting	Der Task wurde von außen zum Neustart veranlasst, als er noch lief.
failed	Der Task hatte einen Fehler während der Ausführung und konnte nicht ausgeführt werden.
skipped	Der Task wurde aufgrund von Branching, LatestOnly o.ä. übersprungen.
upstream_failed	Ein vorgelagerter (upstream) Task ist fehlgeschlagen, und die Trigger-Regel sagt, dass dieser notwendig ist.
up_for_retry	Der Task ist fehlgeschlagen, hat aber noch Wiederholungsversuche und wird reschedult.
up_for_reschedule	Der Task ist ein Sensor, der sich im reschedule-Modus befindet.
sensing	Der Task ist ein Smart Sensor.
deferred	Der Task ist auf einen Trigger verschoben worden.
removed	Der Task ist seit Beginn des runs aus der DAG verschwunden.

Anm. der Red.: Diese Abb. wurde aus urheberrechtlichen Gründen entfernt.

Abbildung 2: Verlaufsdiagramm von Task instance-Zuständen [Ap22]

Aus Abbildung 2 ist die Reihenfolge des Auftretens der Zustände zu entnehmen, bzw. wann die jeweiligen Zustände auftreten können. Dabei lässt sich beobachten, dass ein Task bzw. eine Task instance idealerweise die folgenden Zustände durchläuft: none, scheduled, queued, running, success. Die in Abbildung 2 erwähnten Komponenten Scheduler, Executor und Worker werden in Kapitel **Fehler! Verweisquelle konnte nicht gefunden werden.** näher erläutert.

1.3.3 DAG

Ein DAG (Directed Acyclic Graph) besteht aus verschiedenen Knoten und gerichteten Kanten, bei denen jedoch kein Zyklus vorliegen darf, also ein Pfad, der am selben Knoten beginnt und endet. Im Kontext von Apache Airflow werden DAGs verwendet, um Workflows und ihre Durchführung zu beschreiben und definieren. Dabei entsprechen die Tasks den Knoten und die Abhängigkeiten den Kanten in einem DAG. Des Weiteren enthält ein DAG im Kontext von Airflow Spezifikationen, wie oft und zu welchen Bedingungen bzw. wann der DAG getriggert wird. Dabei ist für den DAG auch nicht relevant, was genau in den Tasks gemacht wird, sondern nur die Reihenfolge und weitere Spezifikationen wie die Anzahl der Wiederholungsversuche, Timeouts etc. DAGs enthalten somit

auch die *upstream-* und *downstream-*Abhängigkeiten zwischen den Tasks.
[Ap22]

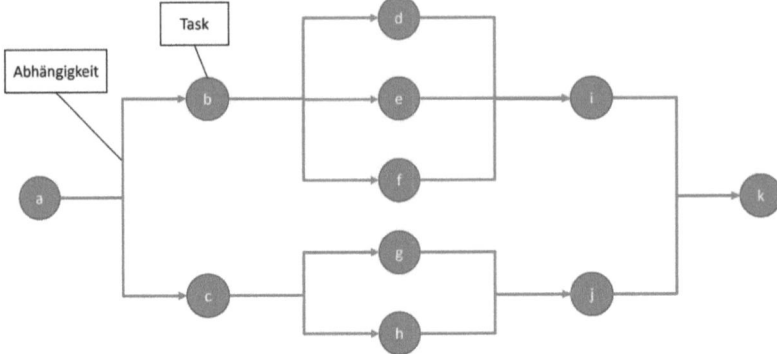

Abbildung 3: Beispiel-DAG (eigene Darstellung)

Abbildung 3 modelliert beispielhaft einen DAG, der aus den Tasks a-k besteht. Dabei ist erkennbar, dass der hier modellierte Workflow keinen Zyklus enthält, sondern lediglich verschiedene *upstream-* bzw. *downstream-*Abhängigkeiten zwischen den Tasks. Die abzuarbeitende Reihenfolge ist in diesem Beispiel auch klar, sodass bspw. die Tasks *d*, *e* und *f* beendet sein müssen, damit Task *i* gestartet werden kann.

1.3.4 DAG run

Ähnlich wie eine Task instance eine Durchführung eines Tasks ist, bezeichnet ein DAG run ebenfalls eine Durchführungsinstanz eines DAGs. DAG runs werden ausgeführt, wenn sie getriggert werden oder nach einem bestimmten vorher festgelegten Schedule. Häufig kommt es vor, dass DAG runs eines DAGs parallel zueinander laufen, deshalb werden DAG runs parametrisiert, um die verschiedenen runs dem jeweiligen Intervall zuordnen zu können. Der Verlauf eines DAG runs lässt sich nachverfolgen, indem ein DAG run auch Tasks instanziiert, sodass anhand der Task instance-Zustände der Workflow gemonitort werden kann. Demzufolge haben DAG runs auch ein Start- und Enddatum, sodass die Durchlaufzeit eines DAG runs bspw. über das User Interface ermittelt werden kann [Ap22].

2 Komponenten

Dieses Kapitel erläutert die wesentlichen Komponenten von Apache Airflow. Zu diesen Komponenten gehören Webserver, User Interface, Scheduler, Executor, Worker, Metadata Database und das DAG Directory. [Ap22]

Anm. der Red.: Diese Abb. wurde aus urheberrechtlichen Gründen entfernt.

Abbildung 4: Airflow Komponenten [Ap22]

Abbildung 4 zeigt die Komponenten und die grundsätzliche Architektur einer Airflow Instanz schematisch an. Dabei gilt es zu beachten, dass Airflow sowohl auf einem lokalen PC bzw. Server laufen kann, aber auch cloud-basiert. [Ap22]

2.1 Webserver und Web UI

Die Komponente Webserver bietet Nutzern die Möglichkeit mit den Workflows und Jobs zu interagieren. Das nutzerfreundliche User Interface kann dabei genutzt werden, um Workflows zu monitoren, manuell zu triggern, Zustände zu überwachen etc. Ebenfalls kann der Webserver und das Web UI dafür genutzt werden, um DAGs anzusehen, zu konfigurieren, verwalten oder manuell zu starten. Das UI bietet einige hilfreiche und relevante Analysemöglichkeiten und KPIs, die es Nutzern ermöglichen, die Workflows nachzuverfolgen. Auch die Fehlersuche und das Debugging wird durch die angebotenen Funktionen des UI erleichtert. Der Webserver bietet auch die Möglichkeit, DAGs bzw. Workflows im Apache Airflow UI mit Hilfe von Templates zu erstellen. [Ap22]

2.2 Scheduler & Executor

Der Scheduler überwacht die Tasks und DAGs und triggert die Task Instances, sobald die Abhängigkeiten bzw. Voraussetzungen der Tasks erfüllt sind. Ebenfalls werden alle DAGs im DAG Directory gemonitort. Dazu prüft der Scheduler standardmäßig, ob die Abhängigkeiten und Voraussetzungen der Tasks in den verschiedenen DAGs erfüllt sind, und triggert die Task Instances, damit sie vom Executor bzw. zugehörigen Workern ausgeführt werden. Dabei ist der Scheduler dafür ausgelegt, als ein fortlaufender Service aktiv zu sein und muss darum zu Beginn der Anwendung über einen entsprechenden Befehl gestartet werden. Nachdem der Scheduler gestartet wurde, können die Tasks ausgeführt werden. [Ap22]

Der Executor in Airflow dient dazu, die Task Instances auszuführen. In einer Airflow Anwendung kann jeweils nur ein Executor zum Einsatz kommen, dieser kann aber je nach Anforderungen ausgetauscht werden. Es gibt zwei verschiedene Typen von Executors, lokale Executors und remote Executors. Wird die Airflow-Anwendung lokal auf einem Rechner betrieben, ist ein lokaler Executor zu verwenden. Wird Airflow in einer Cloud-Umgebung betrieben, kommt häufig ein remote Executor zum Einsatz, der die Abarbeitung der Tasks an Worker auslagert und verwaltet, was das Prinzip der Skalierbarkeit realisiert. Ggf. kann dabei noch eine Message Queue oder ein ähnliches Werkzeug zum Handling der Worker zum Einsatz kommen. [Ap22]

2.3 Worker

Worker kommen nur bei einer Multi-Node-Architektur zum Einsatz, also wenn die Airflow Anwendung nicht lokal, sondern remote in der Cloud läuft. Dann sind sie diejenigen Recheneinheiten, die jeweils die vom Executor zugewiesenen Tasks ausführen und abarbeiten. [Ap22]

2.4 Metadata Database

Das Metadata Database dient dazu, die Zustände der Tasks und DAGs zu speichern. Hierbei ist wichtig zu beachten, dass im Metadata Database von Airflow nicht die Daten, die in Workflows bearbeitet wurden, gespeichert werden. Falls also ggf. Daten verarbeitet und gespeichert werden sollen, muss also eine andere Datenbank dafür genutzt werden als das Metadata Database. Das Metadata Database wird genutzt von Scheduler, Executor und Webserver und Web UI, um die Zustände zu speichern, einzusehen und zu verwalten. [Ap22]

2.5 DAG Directory

Das DAG Directory, auch DAG folder genannt, ist je nach Umgebung ein Bucket oder ein Ordner, in dem alle DAG Files gespeichert werden. Diese Dokumente enthalten die Beschreibungen und Spezifizierungen der Tasks, der Abhängigkeiten zwischen Tasks und der DAGs. Auch Trigger und Durchführungsinformationen der Tasks DAGs sind in diesem Ordner abgelegt. Das DAG Directory wird stets synchronisiert mit dem Webserver und dem Scheduler, um die DAGs und Tasks aktuell zu halten. [Ap22]

3 Einsatz in der Praxis

Eine interessante Frage ist nun, wie Apache Airflow in der Praxis eingesetzt werden kann und welche Überlegungen dazu gemacht werden müssen. Blickt man zunächst auf die Entstehungsgeschichte von Airflow, dessen Name eine Zusammensetzung aus dem ursprünglichen Entwicklungsunternehmen Airbnb und dem wesentlichen Bestandteil Workflow ist, wird klar, dass Airflow aus einem Problem heraus entstanden ist. Mit der massiven Expansion des Unternehmens und den damit einhergehenden Datenmengen, wuchs auch die Data Science Abteilung. Doch diese Skalierung war auf Dauer nicht effektiv, es mussten neue Tools zur Verarbeitung großer Datenmengen und Workflows entwickelt werden. Auf Basis dieses Ziels entwickelte Airbnb Ingenieur Maxime Beauchemin schließlich Airflow [Ko22].

Airbnb ist ein großer Konzern mit entsprechend großen Datenmengen. Kann man daher Airflow pauschal als Lösung für Workflow Orchestrierung empfehlen? Natürlich ist es in der Praxis nicht so eindeutig, deshalb wird im Folgenden Airflow auf seine Einsatzmöglichkeiten untersucht. Zunächst sollte festgestellt werden, dass Airflow ein sehr umfangreiches und mächtiges Tool ist. In Kapitel 2 wurde bereits auf die verschiedenen Komponenten von Airflow eingegangen und es wurde ersichtlich, dass Airflow die Möglichkeit gibt komplexe Workflows zu erstellen. Dem gegenüber steht der einfache Cron-Job. Ein Cron-Job ist ein zeitbasierter Job-Scheduler aus der Unix-Umgebung. Er kann dafür genutzt werden Befehle oder Skripts zu einer vordefinierten Zeit durchzuführen. Die Implementierung ist dabei sehr simpel und bedarf nur weniger Code Zeilen.

Diese Einfachheit führt aber auch schnell zu den Limitationen von Cron-Jobs. Jede Funktionalität, die abseits des Scheduler benötigt wird, muss von Benutzter selbst erstellt werden. Ein Beispiel dafür ist das Monitoring der Jobs. Ohne Monitoring gibt es keine Benachrichtigung darüber, wenn ein Job fehlschlägt oder warum er fehlschlägt [AI19]. Dieses Projekt trat auch beim Jahresprojekt Management Cockpit auf. Im Rahmen dieses Projekts wurden für die Datensammlung und Erstellung von Analysen mehrere Webscraper programmiert und diese mithilfe von Cron-Jobs zeitbasiert ausgeführt. Die Ausführung fand dabei vorwiegend nachts statt, so dass die korrekte Ausführung erst am nächsten Tag überprüfen werden konnten. Für die Überprüfung musste entweder in die Datenbank kontrolliert werden oder die Logs des Docker Containers ausgelesen werden. Da der Container auf einer virtuellen Maschine lief, war dies für die Anwender eine mühselige Aufgabe. Aufgrund der Projektplanung gab es jedoch nicht ausreichend Zeit ein umfangreiches Monitoring zu entwickeln. Deshalb beschränkte sich das Monitoring schließlich auf eine E-Mail Benachrichtigung. Mit dem Wissen über Airflow hätten die Workflows migriert werden können und das Projektteam vom den mitgelieferten Monitoring Funktionen profitieren können. Des Weiteren fehlt bei Cron Jobs bei zunehmender Anzahl eine Übersichtsmöglichkeit bzw. eine UI um alle Workflows zu verwalten [AI19]. Die Lösung dafür scheint Apache Airflow zu sein, welches viele Funktionalitäten, die den Cron-Jobs fehlen, von Haus aus mitliefert. In unserem Test von Airflow konnten vor allem die Konnektoren überzeugen, die es ermöglichen Schnittstellenlogik aus dem Code herauszunehmen und über die UI von Airflow zu konfigurieren. Doch ist das ist nur eine der vielen Funktionen der Anwendung. Wichtig für Unternehmen ist es jedoch auch, die Nachteile der Anwendung zu kennen. In Kapitel 5 werden die technischen Vor- und Nachteile von Airflow genannt, im Folgenden wird ergänzend dazu auf die Nachteile aus Anwendersicht eingegangen.

Airflow wird zwar als Big Data bzw. ETL Anwendung vermarktet, es muss jedoch festgestellt werden, dass Airflow im Grunde ein erweiterter Job-Scheduler ist. Es wird keine ETL Funktionalität von der Anwendung bereitgestellt, diese muss ausschließlich vom Anwender implementiert werden. Auch ist Airflow nicht für das Verarbeiten von Streaming-Daten geeignet. Die Auslösung der Workflows ist nicht event-basiert und braucht ein klar definierten Anfangs- und Endpunkt. Da der überwiegende Teil der DAGs in Python geschrieben wird, spielt auch Versionierung eine Rolle. Airflow bietet dabei keine Versionierungsfunktion an, so dass dies vom Entwickler übernommen werden muss. Das Prinzip der „Pipeline-as-Code" ermöglicht es jedoch, die Workflows in GitRepositories einzubinden. Schließlich können auch in Airflow komplexe Workflows unübersichtlich werden. Dies ist bei Big Data Anwendungen ab einem bestimmten Zeitpunkt jedoch kaum vermeidbar [Fr19].

Zusammenfassend lässt sich sagen, dass Airflow dem Anwender viel Kontrolle gibt. Alle Einstellungen können angepasst werden und die Definition der Pipelines als Code gibt den Entwickler sehr viele Freiheiten. Dadurch steigt aber auch die Komplexität der Codebasis im Unternehmen und eventuell auch die technische Schuld. Unternehmen müssen daher die Überlegung machen, ob sie diese Kontrolle nicht für etwas mehr Einfachheit, beispielsweise für eine Low-Code Anwendung von einem Mitbewerber, eintauschen möchten.

4 Vergleich Workflow Anwendungen

Anm. der Red.: Diese Abb. wurde aus urheberrechtlichen Gründen entfernt.

Abbildung 5: Vergleich der GitHub Sterne der Workflow Anwendungen [Gi22]

Anhand von GitHun Sternen wurden, wie in Abbildung 5 zu sehen, die Workflow-Anwendungen Apache Airflow, Luigi, Kubeflow und MLFlow miteinander verglichen.

GitHub Sterne sind eine Bewertungsmetrik der Code Hosting Plattform GitHub. Mit dieser können die Nutzer Organisationen, Anwendungen oder auch andere Nutzer mit „Sternen" verzeichnen. So kann das Gefallen gezeigt oder ein Lesezeichen gesetzt werden, um den Inhalt verfolgen zu können. Diese Sterne können als eine Metrik genutzt werden, welche die Beliebtheit und Nutzung von verschiedenen Anwendungen aufzeigt.

Vor der Einführung von Apache Airflow war Luigi die beliebteste Workflow Anwendung der GitHub Nutzern. Ab Mitte des Jahres 2018 hat schließlich Airflow Luigi als beliebteste Anwendung abgelöst und konnte diese Stellung bis zum aktuellen Jahr mit ca. 26.000 Sternen halten. Luigi besitzt aktuell ca. 10.000 Sterne weniger, gefolgt von den MLFlow und Kubeflow, welche beides Workflow Anwendungen sind, welche auf den Bereich des maschinellen Lernens spezialisiert sind.

Anm. der Red.: Diese Abb. wurde aus urheberrechtlichen Gründen entfernt.

Abbildung 6: Vergleich der Workflow Anwendungen [Sc20]

Markus Schmitt, CEO des Machine Learning Unternehmens Data Revenue GmbH, hat die vier Anwendungen in folgenden Kategorien miteinander verglichen. Dabei wurde mit einer Skala von A bis C bewertet, wobei A die beste mögliche Bewertung und C die schlechteste darstellt [Sc20]:

- **Entwicklungsstand**: Alter der Anwendung und Anzahl der Fehlerbehebunge
- **Beliebtheit**: Anzahl der GitHub Sterne und aktive Nutzer
- **Einfachheit**: Einfachheit des Einstiegs in der Anwendung
- **Bandbreite**: basierend darauf, wie spezialisiert und im Vergleich dazu, wie anpassungsfähig die Anwendung ist
- **Sprache**: Programmiersprache, mit der der Nutzer mit der Anwendung interagiert

Luigi und Airflow sind beide sehr allgemeine Workflow Anwendungen und decken ein breites Spektrum an Anwendungsmöglichkeiten ab, wobei Luigi einfacher für den Nutzer bedienbar ist. Auch sind die Funktionen in Airflow für den Nutzer schwerer zu erlernen, aber dafür besitzt es eine größere Beliebtheit und Nutzergruppe. Im Funktionsumfang liegt Airflow mit ein paar zusätzlichen Funktionen vorne. Airflow ist bei der Terminierung von Tasks deutlich leistungsstärker und unterstützt den Nutzer bei der Ablaufplanung der Tasks durch bspw. der Verfügungstellung einer Kalender GUI. Bei Luigi hingegen muss der Nutzer für die Ablaufplanung der Tasks deutlich mehr Python Code schreiben.

Kubeflow und MLFlow sind beide auf Machine Learning Workflows spezialisiert und decken beide ein kleineres Spektrum an Anwendungsmöglichkeiten ab als Airflow. Die Spezialisierung der beiden Anwendungen bringt wahrscheinlich auch die geringere Nutzerzahl und Beliebtheit mit sich. Dennoch sind beide für den Nutzer einfacher zu bedienen und realisieren einen einfacheren Einstieg für neue Nutzer als Airflow.

Anhand dieses Vergleiches kann nicht die „Beste" oder „Schlechteste" Workflow Anwendung bestimmt werden. Die Wahl der passendsten Anwendung ist abhängig von verschiedenen Faktoren, wie benötigte Funktionen, Spezialisierung und Vorkenntnisse der Nutzer mit Pythonoder die zur Verfügung stehende Anlernzeit für die Anwendung.

Im Allgemeinen kann man sagen, dass Apache Airflow die umfangreichste und am weitesten entwickelte Workflow Anwendung ist, bei der der Nutzer aber eine gewisse Zeit für das Erlernen der Funktionen, Einrichtung und Wartung benötigt.

5 Vor- & Nachteile

Die Python-Basierung von Apache Airflow bringt Vor- und Nachteile mit sich. Für die Beschreibung der Workflows können sämtliche Python-Funktionen genutzt werden, mit denen auch komplexe Abläufe abbildbar sind. So kann jeder, der Python-Kenntnisse besitzt, eigene Workflows beschreiben und implementieren [Lu20]. Auch wird so eine dynamische Generierung von Pipelines ermöglicht. Dies ermöglicht das Schreiben von Code, der Pipelines dynamisch instanziiert [Ap22].

Das bringt auch den Nachteil mit sich, dass Python-Kenntnisse für die Nutzung von Airflow zwingend benötigt werden. Andere beliebte Programmiersprachen wie bspw. Java werden nicht unterstützt [Br21]. So muss ein Nutzer vor der eigentlichen Nutzung von Airflow Python erlernen und benötigt somit ggf. zusätzliche Zeit für die Einarbeitung.

Airflow besitzt jedoch eine große Community im Web, welche Fragen beantwortet und bei der Lösung von Problemen weiterhilft. Auch können Nutzer bei Fragen oder Problemen auf eine öffentliche ausführliche Dokumentation zugreifen.

Der Vorteil von Airflow ist die einfache Erweiterbarkeit und große Skalierbarkeit [Sc18]: Airflow hat eine modulare Architektur und verwendet eine Nachrichtenwarteschlange, um eine beliebige Anzahl von Arbeitern zu verwalten [Ap22].

Die Workflow Ausführung als gerichteten azyklischen Graphen (DAG) bringt atomare Aufgaben mit sich, welche unabhängig voneinander ausgeführt werden [Mi19, S.5]. Dadurch können die Aufgaben an eine beliebige Anzahl von Arbeitern und über mehrere Server verteilt werden. Dabei muss aber die Aufgabenreihenfolge und -abhängigkeit, welche in der DAG angegeben wurde, eingehalten werden.

Durch die atomaren Aufgaben kann eine parallele Ausführung der Workflow Schritte realisiert werden. Jedoch darf die Komplexität des Workflows nicht zu hoch sein. Auch werden deutlich mehr Rechenressourcen dafür benötigt als bei der linearen Ausführung, deshalb sollte die Parallelität begrenzt werden.

Zusätzlich zu den standardmäßigen Lastausgleichsalgorithmen unterstützt Airflow Pools und Warteschlangen, die eine gleichmäßige Verteilung der Aufgaben auf 5 mehrere Knoten ermöglichen [Mi19, S.7]. Dennoch ist das Job Scheduling von Airflow vorrangig für Workflows gedacht, welche zyklisch ablaufen sollen [Sc18, S.25].

Im Vergleich zu anderen Workflow Anwendungen ist die Installation von Airflow einfach und verursacht einen geringeren Overhead. Außerdem ist es unter einer kostenlosen Apache Lizenz verfügbar.

Airflow ermöglicht es den Nutzern, eigene Funktionen zu definieren und die Bibliothek beliebig zu erweitern [Ap22]. Erweiterungen wie bspw. Common Workflow Language, der Standard für die Beschreibung von Workflows, können mit einen einzigen pip-Befehl installiert werden. [Mi19, S.5] Genauso einfach lassen sich Analysen in Airflow einbinden [Sc18, S.26].

Airflow unterstützt im Vergleich zu anderen Workflow Anwendungen die Ausführung auf den meisten Umgebungen, von Desktop Computern und Servern bis hin zu Cloud Plattformen [Mi19, S.2]. Airflow ist aktuell in 329 Anwendungen oder Cloud Plattformen integrierbar. Darunter zählen sämtliche Apache Anwendungen, Services der Google Cloud Platform, Amazon Web Services, Microsoft Azure und alle gängigen Datenbank-Anwendungen.

Im Gegensatz zu einigen anderen Workflow Anwendungen unterstützt Airflow sowohl Docker- als auch Singularity-Container. Die Unterstützung von Singularity-Containern ist wichtig, da viele Cluster die Verwendung von Docker aus Sicherheitsgründen nicht zulassen.

Ähnlich wie einige der anderen Pipeline-Manager bietet Airflow eine REST-API, die es dem Benutzer ermöglicht, über die entsprechenden Endpunkte auf die Funktionen zuzugreifen. Die API kann von anderer Software verwendet werden, um mit dem Airflow-System zu kommunizieren [Mi19, S.7].

Auch ist die webbasierte GUI im Vergleich zu den meisten anderen Anwendungen benutzerfreundlich und ermöglicht es den Nutzern, die Aufführung der Workflows zu überwachen und zu steuern. So werden stets die aktuellen Zustände der einzelnen Schritte des Workflows angezeigt. Zusätzlich können Statistiken von sämtlichen Workflow-Ausführungen gesammelt und visualisiert werden, um diese zu analysieren und zu optimieren.

Wie schon in Kapitel 4 Apache Airflow im Vergleich zu konkurrierenden Workflow Anwendungen erwähnt, bietet Airflow die breiteste Palette an Funktionen der Workflow Anwendungen auf dem Markt an. Bspw. werden hier zahlreiche Funktionen für das Anhalten und Wiederaufnehmen der Workflow-Ausführung, das Anhalten und Neustarten der einzelnen Workflow-Schritte, das Neustarten des Workflows ab einem bestimmten Schritt und das Überspringen zur Verfügung gestellt.

Der größte Nachteil von Airflow ist die schwere Bedienbarkeit der Anwendung und die benötigte Anlernzeit für die Einrichtung und Funktionserstellung. Nach dem Einstieg in Apache Airflow kann der Nutzer dann jedoch auf sämtliche Vorteile der leistungsstärksten Workflow Anwendung auf dem Markt zugreifen.

6 Fazit

Apache Airflow ermöglicht die programmatische Definition von komplexen Workflows. Mithilfe von DAGs wird es dem Nutzer ermöglicht, komplexe Datenpiplines zu konfigurieren. Dabei kann der Nutzer den Code bei jedem Schritt selbst implementieren und nach seinen Wünschen anpassen. Airflow verfügt außerdem über eine sehr leistungsfähige und gut ausgestattete Benutzeroberfläche und unterstützt so den Nutzer bei der Verfolgung, der Rückverfolgung und der Konfiguration der Workflows. Gegenüber anderen Workflow-Lösungen bietet Airflow die umfangreichste Anzahl an Funktionen.

Apache Airflow hat sich im Laufe der Jahre als eine der beliebtesten Workflow Anwendungen auf den Markt entwickelt und wird diese Position in den kommenden Jahren voraussichtlich durch seine zahlreichen Vorteile halten. Nutzer müssen sich jedoch im Voraus überlegen, ob dieses mächtige Tool für sie geeignet ist. Es benötigt einiges an Einarbeitungszeit, bis Airflow in seiner Gänze anwendbar ist. Außerdem wird die Entwicklung der Workflows ganz dem Anwender überlassen. Deshalb muss evaluiert werden, ob diese hoher Grad an Kontrolle überhaupt notwendig ist, oder eine low-code Losung besser zum Anwendungsfall passt.

7 Literaturverzeichnis

[Lu20] Luber, Stefan; Litzel, Nico (2020): BigData Insider: Was ist Apache Airflow? https://www.bigdata-insider.de/was-ist-apache-airflow-a-948609/ (Abruf: 26.06.2022).

[Br21] Braun, Bianca-Maria (2021): Vergleich von Workflow-Management-Systemen unter Verwendung der 'Anwendbarkeit von SoftwareEngineering-Konzepten' als Vergleichskriterium https://webforward.de/wp-content/uploads/2021/09/210321-Braun-Bianca-MariaBachelorarbeit.pdf (Abruf: 26.06.2022).

[Sc18] Schmidt, David (2018): Evaluation von Data Science Workflow Engines für Kubernetes https://www.inovex.de/wp-content/uploads/evaluation-von-data-scienceworkflow-engines-fuer-kubernetes-dschmidt-2018.pdf (Abruf: 26.06.2022).

[Ap22] (o.A.) (2022): Apache Airflow https://airflow.apache.org/ (Abruf: 24.06.2022).

[Sc20] Schmitt, Markus (2020): Datarevenue: Airflow vs. Luigi vs. Argo vs. MLFlow vs. Kubeflow https://www.datarevenue.com/de-blog/airflow-vs-luigi-vs-argo-vskubeflow-vs-mlflow (Abruf: 25.06.2022).

[Gi22] (o.A.) (2022): GitHub Star History https://starhistory.com/#spotify/luigi&argoproj/argo&kubeflow/kubeflow&ml flow/mlflow&apache/airflow&Date (Abruf: 27.06.2022).

[Mi19] Michael Kotliar, Andrey V Kartashov, Artem Barski, CWL-Airflow: a lightweight pipeline manager supporting Common Workflow Language, *GigaScience*, Volume 8, Issue 7, Juli 2019

[Ko22] Kowalski, Aleks (2022): What is Airflow and the best contexts to use it? https://www.softkraft.co/airflow-best-context-to-use-it/ (Abruf: 12.07.2022)

[Al19] Ali, Fatma (2019): Moving from Cron to Apache Airflow https://fatmali.medium.com/moving-from-cron-to-apache-airflowac73007aa28e (Abruf: 12.07.2022)

[Fr21] Franklin, Jerry (2021): Apache Airflow – When to Use it, When to Avoid it https://www.upsolver.com/blog/apache-airflow-when-to-use-it-when-toavoid-it-while-building-a-data-lake (Abruf: 12.07.2022)